아무것도 젖지 않았다

시에시선 **093**

아무것도 젖지 않았다

진영대 시집

詩와에세이

차례__

제1부

귀 · 11
절화(折花) · 12
맹꽁이자물쇠 · 14
공명(共鳴) · 16
녹물 · 17
버릴 때가 되었다 · 18
언제 벌어지나 · 19
녹슨 동전 두 개 들어 있었다 · 20
명당 자리 · 22
아무것도 젖지 않았다 · 24
새벽 기도 가는 길 · 26
절창(絶唱) · 28
기도 · 29
호접몽(胡蝶夢) · 30
쌓이는 것 · 31

제2부

옹이 · 35
비룡소 · 36
그림자를 거두어 갔다 · 38
성묘 · 40
두꺼비 · 41
달걀귀신 · 42
유품 · 44
붉다만 고추 · 45
발송인 불명 · 46
복돌이 · 47
바람을 타고 다니는 말 · 48
박꽃 · 50
빈방 · 52

제3부

별밭 삼만 평 · 57
제비꽃 · 58
헌금 봉투 · 59
벚꽃 아래서 · 60
막차 · 61
달의 탄생 · 62
갈증 · 63
어떤 장례식 · 64
아버지 · 66
문의 변천사 · 67
내 죄를 대속하신 하나님 · 68
빚 · 69
타르초 · 70
동물원 입구 · 71
고욤꽃 · 72

제4부

추운 날 · 77
서울 아저씨 · 78
오늘도 무사히 · 79
밑바닥부터 비어갔다 · 80
히치하이크 · 81
두껍아, 두껍아 · 82
문종이 바른 날 · 83
일출을 보러 갔다 · 84
신발에게 · 85
아버지가 다녀가셨다 · 86
사랑도 발효가 됩니까 · 88
사람하자 우리 · 89
길 · 90
달항아리 있던 자리 · 91

해설 | 박철영 · 93
시인의 말 · 111

제1부

귀

숲속, 참나무 등걸에 부처님 귀를 닮은
영지버섯이 세 개나 달렸다

저에게 오는 발걸음 소리일까
귀를 세우고 있는 버섯이
큰 것은 손바닥만 했다

이 세상 말 들어보겠다고

태풍에 쓰러져 밑동까지 썩은 참나무가
아직도 저 죽은 줄 모르고
귀를 세우고 있었다

절화(折花)

예배당 강단의 화려한 꽃장식
목이 마르다, 하니

그중 한 집사님이 달려가
주전자에 물을 담아왔습니다

수반에 물을 부어주자 겨우
마른 입을 열어

다 이루었도다

예배당 안을 둘러보며
성도들과 일일이 눈을 맞추고

예배가 끝나기 전에
시든 저 꽃

분명 다시 피리라

오늘은 부활절이 아닌가

맹꽁이자물쇠

아파트 노인정 벽에 바짝 붙여놓았습니다 상판을 덮고 맷돌 한 장 더 올려놓았습니다 빗장을 걸어둔 맹꽁이자물쇠 구멍은 녹물로 가득 찼고, 폐기물 딱지를 오동나무 뒤주의 옆면에 붙여놓았습니다
 저승까지 쇳대를 허리춤에 차고 가신 어머니
 저 뒤주 열어 보려면
 무덤의 파릇파릇한 잔디를 걷어내야 합니다 봉분의 흙을 한옆으로 옮겨서 쌓고, 꾹꾹 다져놓은 흙 한 길 더 파내야 합니다 석관의 뚜껑을 열기 전에 흙덩어리를 솔가지로 쓸어내고, 사각 돌판 네 조각 순서가 틀리지 않게 빗돌에 기대 놓고, 홑이불 한 장 걷어내고, 겹저고리 속 저고리 옷고름을 풀고,
 석회처럼 굳은 어머니의 몸을 구석구석 더듬어 가야 합니다
 손끝에 부딪히는 쇳조각의 서늘함에 놀라
 어머니가 화들짝 돌아누우면
 한 손으로 어머니의 허리 밑을 떠받치고
 누가 다녀갔는지 모르게 다른 한 손으로

허리춤에서 쇳대를 빼내야 합니다
녹슨 쇳대가 맹꽁이자물쇠 구멍 속에서 부러지지 않게
아주 천천히, 열어 봐야 합니다

공명(共鳴)

가슴을 치면 북소리가 나는 것은
누군가 같이 울어주고 있다는 뜻입니다
천태산 은행나무가
영국사 담 밖 한쪽, 바깥세상의 경계에 서서
같이 울어주지 않았다면
어떻게 목탁 소리가 절집 담장을 넘어
이 세상 밖의 어머니가
그 소리를 들을 수 있었을까요
천년 긴긴 세월
은행나무가 울음 동냥을 해주지 않았다면
영국사 범종 소리가 어떻게
십 리 밖 바깥세상까지 들렸을까요

녹물

말을 걸면 금방 무너질 것 같았다

양철 지붕의 벽을 타고
녹물이 흘러내린 빈집 같았다

뇌경색으로 쓰러져
삼 개월째 병상에 누워 있는
사촌 형수

얼굴을 타고 흘러내린 눈물 자국이
녹물처럼 말라붙었다

물수건으로 녹물을 닦아내면
양철 지붕처럼

바스락 부서질 것 같았다
털썩 내려앉을 것 같았다

버릴 때가 되었다

막돌로 쌓은 장독대
쓸만한 항아리는 모두 깨지고
약탕관 하나 엎어놓았다
정안수는 언제 적 물인지
곤두벌레가 득실거렸다
몇 번이나 빗물을 받았다가 쏟았는지
하늘을 모셨다가 버렸는지
밑바닥은 간장독처럼 엉겨 붙었다
철륭신이 벗어 놓고 간 검은 가면처럼
감나무 잎 겹겹 쌓였다
겨울이 오고 가서 눈이 쌓였다가 녹으면
정안수 그릇에도 실금이 가고
눈 녹은 물 새어 나와 바닥이 마를까
어머니는 기도를 끝낼 수 있을까
집은 무너지고
성한 것은 정안수 뿐이었다

언제 벌어지나

어머니는 숟가락, 젓가락을
소반 위에 나란히 내려놓고
왜 그렇게 서두르셨을까

얼마나 서두르셨으면
치마폭에 넣어준 생밤 한 줌
산길 여기저기 흘리고 가셨을까

성묘 가는 길에 떨어진
밤송이 몇 개 주워

무덤 앞에 내려놓으면
쩍, 하고 벌어졌다

움켜쥐고 있던 알밤 두 개
내 앞에 펴 보이셨다

녹슨 동전 두 개 들어 있었다

식모살이 갈 때 밥 굶지 말라고
손에 쥐여준 동전 두 개
어린 딸은 고이 간직해 두었다가
어미가 저승 갈 때 입에 물려주었다
장정 몇이 달라붙어
어미의 양손을 옆구리에 붙이고
광목 한 필 둘둘 감아 묶어놓았다
곡기를 끊고 다문 입을 벌려 주면
간직해 두었던 동전 두 개
누런 앞니 사이에 물려주었다
어미는 녹슨 동전 두 개를 다시 돌려주려고
얼마나 몸부림쳤을까
무덤 한쪽이 무너져 내렸다
갈라진 무덤의 틈을 비집고
감나무가 깊은 곳까지 뿌리를 내렸다
어미의 가슴까지 파고 들어가
녹슨 동전 두 개를 꼭 쥐고 나왔다
감나무 가지에 매달린 주먹들,

쪼그라든 홍시를
까치 떼가 달려들어 그 속을 다 파먹으면
감씨 두 개, 삐져나왔다

명당 자리

양지바른 곳에 친구를 묻어주러 갔다
고등학생인 외동딸,
어린 상주보다 먼저 산에 올라가
삽 한질 들어가게 땅을 팠다
높게 쌓인 흙더미 위에
삽을 찔러 놓고 상여를 기다리는 동안
흙더미는 제 무게에도 흘러내렸다
삽자루가 기울어지고, 쓰러지고 하였다
삽 한질 땅속에 망자를 묻고
먼 친구 가까운 친구 모두 불러
꾹꾹 밟고, 뛰고, 굴러도
관 하나 덮을 만큼 흙이 남았다
남은 흙을 파낸 자리에 다시
두둑하게 올려놓았다
봉분이라고 하기에는 너무 작았다
번듯한 무덤 하나 만들어 줄 곳이
이 세상에는 없었다
이 산 저 산 아무리 둘러봐도

어린 딸 봉긋한 가슴보다 좋은 자리가
이 세상에는 없었다

아무것도 젖지 않았다

무명천에 홍화물 듬뿍 먹여
독락정 낙락장송 나뭇가지에 걸어놓았다
이 세상 붉은 꽃물은 다 배어들었다
독락정 붉은 노을 서너 마 넉넉하게 끊어다가
어머니께 치마저고리 한 벌 해드리고 싶었다
그렇게 생각해서인지,
그날 밤 꿈에 젊은 어머니가
붉은 치마를 곱게 차려입고 머리맡에 앉아계셨다
 치맛자락으로 얼굴에서부터 발끝까지 나를 덮어 주셨
는데
 가실 때까지 말 한마디 없었다
아들 얼굴을 원 없이 만져보는 것이
죽어서도 소원이겠구나 싶었다
어머니가 계신 곳은 까치집보다 높은 곳이라
붉은 치맛자락이 독락정 노을보다 길게 흘러내렸다
죽은 사람 소원도 들어준다는데
붙잡고 매달리면 다시는 저 위로 올려지지 않겠지
생각했지만, 눈이 떠지지 않았다

붉은 치맛자락을 잡고 밤새 울었는데
아무것도 젖지 않았다

새벽 기도 가는 길

노루 발자국을 따라갔어요
설마 짐승이 되겠다고 그 뒤를 따라갔겠어요?
밤사이 눈이 내렸고
익숙했던 길은 모두 사라졌습니다

눈 속을 먼저 지나간 노루는
포도밭을 지나, 비닐하우스를 한 바퀴 돌아보고 솔밭 마을 삼거리를 지나, 연배네 집 앞에서 잠시 머뭇거렸습니다

마을 공터 팔각 정자를 지나, 농협창고를 지나, 버스 정류장을 지나, 보미농장 축사를 지나, 양지보건진료소를 지나, 팔음산고시원을 지나, 양지마을 당산나무를 지나

양평교회 마당에는 발자국만 가득했어요
노루는 어디로 갔을까?
눈은 다시 내리기 시작했고,
노루를 따라오던 내 발자국은 모두 지워져

돌아가는 길이 보이지 않았습니다

절창(絶唱)

팔각 정자 나무 기둥을 끌어안고 우는
저 소리가 오르페우스의 것이 아니라면
저리 크게 울 리가 없다
다시 지상으로 올라와
죽은 에우리디체를 부르는 소리가 아니라면
울음주머니를 부풀려
죽어라 울어댈 이유가 없다
지하 세계 깊은 곳에서
그 소리를 다 들을 수 있는 것은 아니지만
무덤 속에서는 흙더미가 우수수 흘러내리고
죽은 사람도 제 몸이 부르르 떨렸을 것이다
그렇지 않다면
팔월 염천에 나무 기둥을 끌어안고
사랑해, 하고 울어댈 이유가
나쁜 년, 하고 저리 크게 울어댈 이유가 없다

기도

돌탑 아래 촛불이 꺼진 자리에
작은 탑이 새로 생겼다

불이 꺼지고 촛농으로 쌓은
저 탑을
뭐라 불러야 하나

누군가의 소원이 쌓인 것이라면
천불천탑이라 불러야 하겠지만

굳이 고름 덩어리라고 불리는 것은
제 몸을 다 태워도
상처가 아물지 않기 때문

오랫동안 쌓아 올린
저 탑은 누군가 밤새 흘렸을
피눈물이 아닐 수 없다

호접몽(胡蝶夢)

시집을 읽다가
책을 펴놓은 채 잠이 들었다

벚꽃나무 아래서의 일이다
그 틈에 누군가 와서
시집 한 권 다 읽고 덮어놓았다

누군가였을 사람이 남겨 놓은
분홍 쪽 편지

책갈피 사이사이
꽃잎을 끼워놓았다

쌓이는 것

강물이라고
다 흘러가는 것은 아니다

유유히 흐르는 물속에서도
흘러가지 못한 것은 언제나 있었다

강바닥 모래 속에는 자갈들이
하나둘 쌓여

장마가 지나고 나면
강물 가운데
모래섬이 하나씩 생기는 것이다

제2부

옹이

담장 밑에 켜켜이 쌓아 놓았다
두께가 한 치 반 넘어 보이는 송판이
속절없이 비를 맞고 있었다
목질은 단단하고 붉은빛이 선명했다
제가 살아온 내력대로
나이테의 무늬가 각각 다르고
팍팍한 세월을 살았다는 징표처럼
촘촘하게 박혔다
나이테가 옹이 주변을 감싸고 있었다
습기가 마르면 옹이는 생각보다 쉽게 빠졌다
송판에 옹이가 제 살처럼 박히려면
송진이 다 빠질 때까지 몇 년은 비를 맞아야 했다
삼 년 눈물이면
죽은 사람도 제 살처럼 박히곤 했다

비룡소

  지붕이 낮은 집부터 물에 잠겼다 백 년 된 기와집, 추녀 끝까지 물이 차오르면 비단뱀 한 마리 똬리를 풀고 마루 밑에서 기어 나와 지붕 위로 올라갔다

  얼마를 더 기어다니면 받아주시렵니까

  하늘을 올려다보았다 구름 사이로 내려준 비단 같은 햇볕 한 줄기를 몸뚱어리에 동여매고 꼬리로 한 번 더 말아 감았다 그때, 저 위에서 누군가 그를 알아보고 만년바위도 산산이 조각낼 것처럼 벼락이 떨어졌다 끊어진 비단 줄이 주룩 흘러내려 몸뚱어리 위에 서리서리 쌓였다 섬광이 그의 얼굴을 빠르게 스치고 지나갔다

  물은 빠르게 낮아졌고
  상류에서 떠내려온 나뭇등걸은
  마당 한옆에 터를 잡았다

  땅문서를 빼돌리고 달아났던 머슴이

백 년 된 기와집 마당 안으로
제 발로 걸어들어왔다
비단 저고리를 고이 벗어 나뭇등걸에 걸어놓았다

마당 한가운데 똬리를 틀고
등때기에 내려꽂힐
채찍을 기다리고 있었다

한 달 장마가 끝나가고 있었다

*비룡소: 세종시 금남면 용담리의 옛 지명으로 용이 승천한 못이 있었다고 한다.

그림자를 거두어 갔다

잠시 잠깐 문을 열어 둔 사이
햇볕은
문지방에 걸터앉아

병석에 든 아버지의
이마를 짚어보고 있었다

발끝부터 식어가는 아버지
이마에 소금꽃이 피었다

햇볕은 이마에서 손을 놓고
한발 물러나 뜰팡을 내려왔다

복숭아나무가 제 그림자를
방안으로 들여보내

잠시 잠깐 문을 열어 둔 사이
아버지의 그림자를 업고 나왔다

방에는 그림자도 없이
아버지가 혼자 누워 계셨다

성묘

꽃이라도 들고 가는 게
예의라고 생각했다

국화꽃 한 다발 사 들고
어머니께 가는데

나비 한 마리
산까지 따라왔다

산길에 접어들자
아는 길처럼 앞장을 섰다

두꺼비

옥수수 붉은 수염처럼 머리를 빨갛게 물들인 여자가 마을로 들어왔다 여름 한철을 소낙비와 함께 살았다 온종일 방안에 틀어박혀 있어서 여자의 얼굴을 본 사람은 거의 없었다 한 달 내내 장마는 계속되었고 마당에는 잡초가 무성하게 자랐다 어떤 사내가 장대비를 뚫고 여자의 방으로 들어갔다 잠든 여자의 얼굴을 한참 동안 바라보고 있었다 순간, 천둥소리에 놀란 여자가 눈을 떴다 죽어라, 이 짐승아! 여자는 가슴에 품고 있던 끝이 뾰족한 칼을 꺼내 사내의 가슴에 정확하게 꽂았다 여자의 가슴 위에 떨어진 사내의 얼굴을 번갯불 섬광이 스치고 지나갔다 따뜻한 핏물이 사내의 가슴에서 여자의 가슴으로 흘러갔다 서서히 장마가 끝나가고 있었다

비가 그치고, 두꺼비 한 마리 마룻장 밑에서 기어 나와 마당을 건너가고 있었다 짧은 다리를 앞으로 내밀 때마다 겨드랑이의 연한 살에 진흙이 묻어 떨어지지 않았다 마당 끝까지 건너가려면 한나절은 걸릴 것 같았다

달걀귀신

여수배고개 콩밭에는 달걀귀신이 삽니다
밭고랑에 지게를 세워 놓으면
지게꼬리를 잡아당겨 넘어뜨리고
바스락, 바스락 콩깍지 속에 숨어서 삽니다
먼 데 사는 살붙이들 간간이 찾아와
무덤 앞에 술잔을 올려드리면
술잔을 엎어놓고 낮부터 취해
달걀귀신, 대굴대굴 굴러다녔습니다
밭뙈기를 팔고, 어머니 무덤까지 파내
이 산 저 산에 한 줌씩 뿌려주고
겨우 장만한 집 한 채,
새로 이사 온 아파트까지 따라와 함께 삽니다
먹다 남은 커피잔을 식탁 위에 올려놓으면
저 혼자 쨍그랑, 쓰러져 굴러갑니다
쩍쩍 얼음장 깨지는 소리가
아무도 없는데 사방에서 들립니다
달걀 굴러가는 소리에 제가 더 놀라
싱크대 밑으로 숨어버린 저 귀신

아파트까지 따라와 함께 삽니다

유품

시집올 때, 삼십 리 산길을
외삼촌이 등에 지고 왔다는 반닫이 옷장
어머니가 다른 세상으로 이사 가시는 길에는
지고 갈 사람이 아무도 없었습니다

꺼내놓을 게 눈물밖에 없는
오동나무 반닫이

두고 간 것이 따로 있을까 싶어

어머니가 저세상에서 다시 돌아와
열어 볼 때까지
주먹만 한 자물통을 열어 보지 못했습니다

붉다만 고추

 고추 끈을 낫으로 툭툭 쳐놓았다 함께 묶여 있던 고춧대가 제각각 쓰러졌다 서리 내리기 전에 일 년 농사를 끝내려는 것이다 주렁주렁 매달린 풋고추, 다시 붉기 시작했다 젖을 굶은 아이처럼 쭈글쭈글해진 고추……

 아, 쭈글쭈글해진…… 혼잣말이었는데
 입술이 파르르 떨렸다

 강물에 빠져 죽은 동생의 쭈글쭈글해진 파란 입술이
 무슨 말을 할 것처럼 파르르 떨렸다
 엄마가 동생의 파란 입술에 쪼그라든 젖을 물려주었다
 하룻밤 꼬박 젖을 물려주던 엄마가 고춧대처럼 쓰러졌다

 밤사이 된서리가 내릴 것이라는
 일기 예보가 있었다

발송인 불명

베란다에 내놓은 군자란이 꽃을 피웠다

꽃 한 송이 피었다고
봄이 다 온 것은 아니지만
오랫동안 잊고 살았던 어떤 사람은
생각보다 가까운 곳에 살 수도 있다

꽃향기가 유리문에 막혀
거실문을 한 뼘, 열어…… 놓았는데
찬 기운이 먼저
거실 안으로 들이닥쳤다

우편함에는 잘못 배달된 우편물이
며칠째 꽂혀 있었다

복돌이

삼 년 키운 복돌이가 죽었다
남자가 외로워서 못 살겠다고 울었다
술 먹고 걷어찰 복돌이가 없으니
시원하다며 울었다
복돌이는 남자가 외로울 때 만난 믹스견,
외로울 때 만난 사랑은
오래가지 못한다는 말을 들은 것 같다
복돌이가 없으니 시원섭섭하다며 울던 남자가
호피 무늬 담요를 덮고 잠이 들었다
복돌이가 제일 좋아하던 것이다
복돌이가… 복돌이가… 잠꼬대를 하던
남자가 복돌이처럼 웃고 있었다

바람을 타고 다니는 말
—미루나무

말갈기처럼
바람에 나부끼는 미루나무 이파리

무리 중에 쫓겨난 어떤 신이
소원을 적어
다닥다닥 매달아 놓았다는데

등 근육이 발달한 갈색의 말이
그 옆을 지나가며
이파리 하나씩 뜯어갔다는데

드디어 말문이 트이면
저 가던 방향을 되돌려
바람을 타고 마을로 내려갔다는데

어느 집 대문을 두드렸다는데

달빛처럼 집안을 빠져나온 여자를 등에 태우고

산등성이를 넘어갔다는데

제 등짝을 제가 치는 채찍 소리
아득히 들려오는데……

박꽃

신랑 옆에 나란히 누워
얼굴을 어루만지네

사흘 밤 사흘 낮을 안에서 걸어 두었던
방문이 드디어 열리고
사내들이 들어가
죽은 신랑을 업고 나왔네

죽은 신랑의 옷자락에 매달려
울며불며 따라 나올 때
치맛자락이 문지방에 걸려 휘청,
배불뚝이 아이 하나 불쑥 굴러 나왔네

소복을 넓게 펴서 아이를 덮어주었지만
치마폭은 생각보다 좁았네

신랑을 땅에 묻고 다시 돌아온
사내들이, 제 자식 아닌가?

불룩 나온 배를
바늘 끝으로 찔러보았네

빈방

누군가를 오래 생각하면
송진 냄새가 났다

이 층 서재로 올라가는 나무 계단은
송진이 묻어 끈적거렸고
거실 바닥은 두껍게 먼지가 쌓였다

굳게 닫혀 있는 방문 앞까지
고라니 발자국처럼
족적이 흐릿하게 남아 있었다

문을 두드리면 괘종시계처럼
텅, 텅 비었다

발자국이 희미하게 남아 있는
저 방문을 열면
붉은 불빛이 주룩 쏟아질까

그러나

아버지는 죽은 지 십 년이 넘었다

제3부

별밭 삼만 평

오랜만에 친구를 만났습니다
귀농을 했다고 하면
고추 농사는 잘됐냐 고구마는 심었냐
들깨는 얼마나 했냐 궁금한 게 많습니다
하늘이 멍석만 한 심심산골에
심을 데가 어디 있다고
걱정 한 섬, 씨를 나누어 주었습니다
콩을 심지 그랬냐 호박은 언제 심냐
도라지 농사는 어떠냐
파릇파릇 새싹이 햇쑥처럼 올라왔습니다
하늘밭 삼만 평에는 심을 게 별뿐이라
잘되고 못될 일이 없었지만
별을 따다 줄 수는 없었습니다
다음에는 묵정밭 한자리에
고추 몇 포기, 오이 몇 포기라도 심어야겠습니다

제비꽃

꽃대를 길게 뽑아 올리고
제비꽃 피었네

한 발짝이라도 멀리 보겠다고
발돋움하네

뜬눈으로 사나흘,
꽃잎은 눈곱처럼 말라붙고
눈꺼풀이 천근만근 내려앉았네

저것 봐,

보리밥 한 주먹 움켜쥐고
잠결에도 움찔움찔
고개를 들려고 하네

헌금 봉투

봉투 한가운데 작은 구멍 하나 뚫려 있습니다
가슴 한복판을 뾰족한 송곳에 찔린 것 같습니다
봉투 입구를 벌리고 입김을 불어 넣으면
믿음, 소망, 사랑이 부풀어 올랐습니다
헌금 봉투 속에 만 원짜리 한 장 집어넣자
일순간에 바람이 빠져나가 납작해졌습니다
봉투를 관통하던 구멍이 감쪽같이 사라졌습니다
하나님 체면에 실눈을 뜨고
그 작은 구멍 속을 들여다볼 수는 없는 일,
봉헌기도를 드리기 전에 목사님은
하나님 잘 들으시라고
봉투를 꺼내 일일이 호명해주셨습니다

벚꽃 아래서

잎보다 먼저 꽃이 피었다
먼저 핀 꽃부터 나중 핀 꽃까지
아흐레 남짓
벚꽃은 절정에서 피고 절정에서 떨어졌다

꽃으로 살기 위해
벌들은 이 꽃에서 저 꽃으로 옮겨 다녔다
긴 줄에 둥근 달을 매달아
나뭇가지에 걸어 놓고, 밤을 낮으로 살았다

벚꽃나무 아래 비닐 돗자리를 펴놓고
고기를 굽고 먹고 마시는 동안
고기 타는 냄새는 꽃향기보다 멀리 퍼졌다

아흐레를 꽃으로 살고
남은 것으로 새잎이 피었다

막차

  조치원으로 가는 막차는 10시 55분에 떠납니다
  서울역 광장을 배회하던 비둘기, 막차 시간에 맞춰 역사 안으로 들어왔습니다 여자도 늦지 않게 도착했습니다 여자가 끄는 캐리어는 바퀴가 돌아가지 않았습니다 믹스견 복돌이처럼 여자에게 끌려가면서 대리석 바닥을 긁어 댑니다 여자가 젊은 남자를 붙들고 "사람 밥 먹고 사람하시겠다고 도망가셨습니다 개새끼를 하셔야 하는데 사람 밥 먹고 사람하시겠다고 도망가셨습니다" 남자는 기차를 타기 위해 개찰구를 빠져나갔습니다 비둘기가 고개를 갸웃, 하더니 다시 돌아와 전광판을 읽고 있습니다
  대형 전광판에는 비둘기호가 없습니다
  비둘기는 오늘도 열차를 타지 않았습니다
  조치원으로 가는 무궁화호 열차는
  밤 10시 55분 정각에 서울역을 출발하였습니다

달의 탄생

　어느 날 지구는 영문도 모르고 살점이 떨어져 나가 달이 되었다고 합니다 외부로부터 커다란 충격을 받아 떨어져 나간 살 한 점
　움푹 파인 상처가 아직
　지구의 어딘가 남아 있을 거라고 합니다

　수수만년 지구의 주변을 맴도는 달이
　밤이면 어두운 곳곳을 밝혀
　제가 떨어져나온 상처의 흔적을 찾고 있는
　불면의 저 달이

　한 발짝도 다가서지 못하고
　맴도는 것은

　지구는 살 한 점이겠지만
　저에게는 온몸이 상처이기 때문입니다

갈증

빨간 고무통 속에
고양이 한 마리 빠져 죽었다

김장을 끝내고 배추를 절였던 고무대야에
소금기를 빼내려고 가득 담아둔 물이
밤새 꽝꽝 얼었다

어름 속에 머리를 처박고
긴 꼬리 위로 치켜든
점박이 고양이 한 마리 빠져 죽었다

물통 속의 물은
조금도 줄어들지 않았다

어떤 장례식

단톡방에 부고가 올라왔다
고인의 명복을 빕니다, 카톡
삼가 고인의 명복을 빕니다, 카톡
삼가 조의를 표하며
고인의 명복을 진심으로 빕니다, 카톡
자신의 조문 순서를 기다리며
진심으로, 진심으로
위로의 말을 생각하고 있었다
저세상에도 같은 시간에
동일한 내용으로 부고가 전송됐을 것이다
눈이 계속 내리고 있었고
조문객은 분주하게 다녀갔다
눈발이 주춤하자
눈이 소복이 쌓인 동백꽃 사진이 올라왔다, 카톡
동백꽃을 처음 보는 사람들처럼
붉은 동백꽃의 생명력에 대한 찬사가 쏟아졌다, 카톡
하늘에서 내리는 눈은 무질서했지만
눈송이는 지상에 고르게 쌓였다

고인이 단톡방에서 나갔습니다, 카톡
눈발이 점점 가늘어지고 있었다

아버지

들깨밭 가운데 세워 놓은 허수아비는
들깨보다 키가 작아 얼굴이 보이지 않았다

모자에 달린 빨간 털실 방울을
아무리 흔들어도 소리가 들리지 않았고
중부지방은 제11호 태풍 힌남노의
간접 영향권에 속해 있었다

일으켜 세워도
허수아비는 나무막대 하나가 전부여서
기울어지고 쓰러졌다

허수아비가 쓰러진 채로 여름이 갔고
태풍에 쓰러진 들깨는
빠른 속도로 새순을 키우고 있었다

문의 변천사

아파트 입주자 대표가 새로 뽑혔다
출입문 앞에서 일일이 문을 열어주던
새로 뽑힌 대표는 공약을 지키기 위해
여닫이 출입문을 자동문으로 교체했다
문을 일일이 여닫는 일은 아무래도
사람이 할 일이 아니라고 생각했을 것이다
문은 변천을 거듭해서
손으로 밀지 않아도 자동으로 열리고, 닫혔다
몸에 밴 습관은 생각보다 오래갔다
출입문 앞에 가면 몸이 먼저 주춤거렸다
여섯 살 손녀가 앞으로 나섰다
열려라, 참깨!

내 죄를 대속하신 하나님

  교회에서 달걀 두 알 받아 왔어요 두 알 모두 수탉이면 어쩌지? 달걀을 한 알 더 받아 올까 하다가 그래도 오늘은 부활절인데, 하나님을 의심하다니…… 믿음으로 고이 받아 들고 손 위에 다른 한 손을 포갰어요 공손하게 손을 포개본 것이 얼마 만인가 다른 사람의 손처럼 따듯했어요 달걀은 서로 처음 만난 사이라 달그락거렸어요 혹시라도 깨지면 안 되는 일이므로, 죄짓는 일이므로, 죄짓지 말자, 오늘 하루만이라도 죄짓지 말자, 불끈 주먹을 움켜쥐며 다짐을 했는데
  오 이런!
  손에 힘이 너무 많이 들어가고 말았어요
  바스락, 바스락…… 깨진 달걀
  지은 죄가 두려워 손을 펴보지 못했어요
  교회 문을 나가기 전에
  죄지을 걸 미리 알고 계신 하나님
  밤새 내 죄를 대신 지으신 하나님 아멘, 아멘
  부활절 날, 삶은 달걀 두 알 받아 왔어요

빚

  친구 돈 오만 원을 삼십 년 넘게 갚지 못했어요 어린 딸 분윳값하고 얼마 남은 돈으로 우리 세 식구 꽃구경을 다녀왔어요 지금은 차용증의 인주 자국도 희미하게 지워져 은행원이었던 그 친구 긴가민가하겠지요 일전에 포도밭으로 친구 내외가 다녀갈 때 본전이라도 들려서 보낼 걸…… 포도 몇 상자 자동차 트렁크에 실어주며 그동안 이잣돈이라도 포도 상자 밑바닥에 넣어서 보낼 걸…… 갈등했지만

  빚을 다 갚으면

  동학사 벚꽃이 다시는 피지 않을 것 같았어요

타르초

빨랫줄에 걸린

내복 한 벌, 양말 세 켤레
손수건, 스웨터, 운동복 등등……

한 줄에 매달려 있다

속까지 읽어 보라고
뒤집어 놓았다

동물원 입구

 입구에 줄을 서서 기다리는 아이들, 사이사이에 햇살이 박혀 있었다 하늘로 날아간 빨간 풍선은 점점 작아져 보이지 않았다 손에 들고 있던 솜사탕이 녹아내려 손바닥은 설탕물로 끈적거렸다 선캡을 쓴 하얀 블라우스의 여자가 아이 손을 닦아주고 있었다 풍선이 사라진 하늘을 바라보는 동안 햇살이 등 뒤에서 아이 하나 꿀꺽해도 모를 것 같았다 동물원 담장은 배롱나무보다 높았다 담장이 높다는 것은 함부로 영역을 침범하지 말라는 경고,
  입구는 좁고 몹시 붐볐다

고욤꽃

고욤나무를 베어버리기로 했다

고욤꽃 한 주먹을 주어도
감꽃 두 개 하고 바꾸어 주지 않던
볼품없는 꽃

울안에 그늘만 키우던
나무를 베어버리기로 했다

톱을 안으로 디밀면
단단하게 버티던 나이테가
꽃목걸이 명주실처럼
툭, 끊어졌다

고욤꽃이 유성비처럼 쏟아졌다

나이테의 간격만큼
내면 더 깊이 톱날이 박혔다

어떤 결심을 한 듯

고욤나무가 크게 한번 휘청하더니
톱을 물고 놓아주지 않았다

제4부

추운 날

강물이 바닥을 드러냈다

추울수록 물이 투명하게 보이는 것은
과학적으로 증명된 사실일까

숨을 곳을 찾지 못한 미호종개가
백로의 그림자 속에 몸을 숨겼다

살얼음 위에 박힌 듯 서서
물속을 바라보고 있던 백로가

제 몸속에서
미호종개를 꺼내 입에 물고 있었다
삼키지 못하고, 뱉지도 못했다

멀리서 봐서 그런지
억새꽃인 듯, 억새꽃인 듯
흔들리고 있었다

서울 아저씨

미루나무는 속성수라 십 년이면 동네에서 제일 키가 컸어요 안 그래도 목소리도 큰데 스피커까지 달아주다니…… 동민 여러분 안녕하십니까 면에서 전해드리는 말씀입니다 이장보다 더 거들먹거리던 청년회장 같은 나무, 잘난 놈 등에 붙어살겠다고 매미 떼가 다닥다닥 붙어 살던 나무, 한때는 성냥개비로 쓰였다지만 지금은 아무 짝에도 쓸모없는 나무, 키도 크고 서구적으로 생긴 나무, 연미복을 입은 신사처럼 겉은 멀쩡해도 속이 물러터진 나무, 작은 바람에도 흔들리는 나무, 태풍이 불면 제일 먼저 쓰러지던 나무,

이태리 어딘가에서 유학까지 다녀왔다는 의견만 분분하고, 소리 소문 없이 동네에서 사라진 슬픈 노래를 잘 부르던 아저씨

오늘도 무사히

너무 흔해서 잊고 살 때가 있습니다

잠결에 저를 부르는 소리에
잠옷 바람으로 나뭇가지 끝까지 올라가
말씀하세요, 종이 듣고 있나이다
무릎 꿇고 두 손을 모으고 있는
어린 사무엘 같은

목련꽃 몽우리

한 집 건너 피는 목련꽃이
언제 피었다 졌는지

너무 흔해서 모르고 살 때가 있습니다

밑바닥부터 비어갔다
―고 박제천 선생님

49재를 며칠 앞두고
다음 생이 정해져 이 세상을 떠나기 전에
아직 영혼이라도 남아 계실 것 같아
선생님께 와인 한 잔 따라드렸다
향불처럼 상석 위에 올려드린 담배를
천안공원 묘지에서 어슬렁거리던 바람은
순식간에 한 개비 다 피우고
연기와 함께 사라졌다
죽은 사람은 술 한 잔으로 밥이 될지 모르지만
담배 연기로 허기를 면할 수 있는지 모르지만
나는 아직 살아 있는 사람이라 배가 고팠다
돌아오는 길에 순두부집 계산대 옆에 서 있는
정수기에서 물 한 컵을 받아먹었다
거꾸로 세워 놓은 목 좁은 생수통은
물 한 컵 받아내자 울컥울컥 공기방울이 올라와
밑바닥부터 채워 나갔다

히치하이크
—코스모스

마을버스가 보이지 않을 때까지
손을 흔들고 있는
스무 살이나 될까 싶은 여자

장승배기 신작로까지 따라 나와
뾰족하고 까만 꽃씨를
욕설처럼 내뱉고 있었다

바람뿐이겠어요
저를 흔들고 지나간 것이
그것뿐이겠어요
저를 범한 사내를 따라가겠다고
큰길까지 따라올 땐
그만한 각오가 없었겠어요

뾰족하고 까만 꽃씨가
바짓가랑이에 막무가내로 달라붙었다

두껍아, 두껍아

그래, 그래
다 놓고 갈게

빈손으로 돌아갈게

얌전하게
무덤이 되어 줄게

다독다독
덮어놓을게

문종이 바른 날

문종이를 새로 바른
동짓날은

밤새
둥, 둥 북소리

이승을 다녀가시는
당신 발소리에 당신이 더 놀라

등잔불이
꺼질 듯 말 듯

일출을 보러 갔다

 일출을 보러 동해로 갔다 가는 길에 고속도로 휴게소에서 커피를 뽑아먹고, 담배를 피우기 위해 바람을 등지고 가슴을 오므렸다 라이터의 불꽃이 몇 번 튀다가 겨우 불이 붙었다 서로 불을 나눠 가졌다는 것이 따듯한 위로가 되었다 오늘 일출 시각은 7시 39분이라고 일행 중 누군가 말했다 일출을 보기 위해 흡연실 나무상자에 고르게 펴놓은 모래 속에다 담뱃불을 꾹꾹 눌러 껐다 마음의 어떤 곳이 담뱃불에 덴 것처럼 욱신거렸다

신발에게

무심히 밟아버린
제비꽃들은 무탈하실까?

신발 밑바닥 격자무늬 사이사이 묻혀 온
붉은 흙과 보라색 꽃물은
네가 저지른 살인의 흔적

물수건으로 닦아내며 바닥을 보니
신발 굽이 한쪽으로 닳아 있었다
누명을 쓰고, 나를 기울게 했던
소심한 복수였겠다 싶었다

너를 머리 위에 올려놓고
예의를 갖추어 용서를 빈 적이
한 번이라도 있었던가

제비꽃의 운명은 거기까지였나니
오, 나의 신이여

아버지가 다녀가셨다

제사상 머리맡에 켜놓은 촛불이
출렁, 기울었다가 다시 일어났다

문턱을 넘으시며 휘청, 하신 아버지가
신위에 정좌하면

촛불을 꺼드린 후
이승을 잠시 비워 드렸다

갱물에 밥을 말아
아홉 수저를 크게 떠서 드실 동안
창호지 한 장 사이에 두고
아무 말도 하지 않았다

헛기침을 세 번 할 때까지 대답이 없어
문을 열고 들어가 촛불을 켜 드렸다

말 한마디 건네보지 못했는데

아버지가 보이지 않았다

사랑도 발효가 됩니까

가을에 담근 포도주에서
낙엽 냄새가 났다
봄이었는데, 아직도
가을이 발효되는 중이었다

포도주는 식초가 되기 위해서
어떤 불순한 것이 필요했다

포도주가 부패하면
식초가 된다고 믿었던 때가 있었다
발효와 부패가 동의어로 쓰일 수 있다는 사실을
식초를 담그며 배웠다
효모균과 초산균이 다르다는 것은
세월이 지난 후에 알았다

이별하기 위해
사랑하는 사람은 없었다

사람하자 우리

사람 같은 거 말고
사람하자 우리

개 같은 거 말고
소 같은 거 말고
닭 같은 거 말고

어떤 원로시인이
술 취하면 늘 하던 말

사람하자 우리

길

어머니는 길을 질이라고 불렀다
애야, 질 조심하거라
외출할 때마다 신신당부하셨다
문득, 질은 길이다, 첫 문장을 쓰다가
어머니 말씀이 생각났다
질은 나의 시작이다, 고쳐 써도
틀린 문장이 아닐 것 같았다
어머니는 나의 시작이었다
모든 길의 시작에는 어머니가
배웅을 해 주었다

달항아리 있던 자리

인체의 신비전이 열리는
문화회관 전시실
달항아리가 있던 자리였다

알코올 가득 찬 유리병에
무뇌(無腦)의 아이 둥둥 떠 있었다
머릿속이 텅 비었다
얼굴이 퉁퉁 부어 우는지,
혹은 웃는지 알 수 없었다
하마터면
안녕, 하고 웃어줄 뻔했다

해설

삶에서 체현된 온정한 마음들

박철영(시인·문학평론가)

 찬 기운이 물러가고 봄기운이 충만해 오는 시점에 새로운 시인의 시를 접한다는 것 또한 기분 설레는 것이다. 과일 맛이 토양이나 환경의 영향을 받듯 시도 마찬가지로 시인이 살아온 여건을 반영하여 나타난다. 거기에 문학을 통해 형상된 시를 읽다 보면 슬픈 일이 더 많은 공감을 불러온다. 동병상련 같은 과거지사를 들춰내다 보면 자연스럽게 시어가 촉촉이 젖어드는 듯 가슴 시리다. 시 속에 장치된 체험적인 서사에 몸이 솔깃해져 함께 슬퍼지고 싶은 것이다. 그것 또한 시를 읽는 것에서 발현된 동조 현상으로 종래에는 시인과 독자가 일치된 마음속에서 움직이는 것이다. 물론 모든 것에 동의하는 것은 아니지만, 어느 정도는 그런 심리 작용을 이룬다고 보았다. 시를 쓰는 시인과 시를 읽는 독자와는 서로 대항적인 관계가 아니라 공존 관계라고 볼 때 매우 긍정적인 것이며 바람직스러운 것이다. 그런데 시가 발화하는 과정과 시인이 추구하는 '시적인 것의 의미'는 읽기와는 전혀 다른 매우 많은 고통을 수반한다. 시어 그 자체가 평이한 서술적인 문장의 나열이 아니라 고도의 언어 상징을 내포하고 있기 때문이다. 흔히 그것을 우린 시의 정제와 절제에서 고도의 가성비를 가졌다고 말한다. 그것을 위한 전향적인 의도였든 아니었든 간에 기발화된 시의 형상은 또 다른 상상력을 유발 더 많은 시적 가능성을 언어로 환기해 준다. 현재의 사회 인식과 개개인 간의 차이가 시라는 언어 형태로 변용되면서 삶과의 연관성을 더 긴밀하게 하여 그 안에서 위안을 찾는 기회를 갖게 된다. 그것의 표상 체계는 일상이라는 삶의 변화를 솔직한 언어로 유인하여 직접 경험하고 체험한 자신만의 문장으로 표현했기 때문이다.

　진영대 시인의 시집 속 시편들은 우리가 흔히 마주칠 수 있는 평범한 일상에서 체험한 내용을 진솔하게 다루고 있다. 그 안에 담긴 오롯한 마음들은 시인이 세상을 바라보는 마음이란 것을 알 수 있다. 순정한 눈빛으로 드러낸 시편 속 정감이 새록새록 파고드는 세계는 현대인들에게 어떻게 살아야 하는가에 대한 유의미한 담론으로 다가온다.

시집올 때, 삼십 리 산길을
외삼촌이 등에 지고 왔다는 반닫이 옷장
어머니가 다른 세상으로 이사 가시는 길에는
지고 갈 사람이 아무도 없었습니다

꺼내놓을 게 눈물밖에 없는
오동나무 반닫이

두고 간 것이 따로 있을까 싶어

어머니가 저세상에서 다시 돌아와
열어 볼 때까지
주먹만 한 자물통을 열어 보지 못했습니다

―「유품」 전문

지긋한 나이가 되어서야 세월을 돌아볼 여유가 생긴다. 그래서 세월은 무정한 것이다. 항상 옆에 계실 것만 같던 어머니였다. 그러나 어느 날인가 다정만 하시던 어머니도 어쩔 수 없었는지 세상에서의 지난한 시간을 고별하고 말았다. 누구나 한 번은 그 길을 가야만 한다지만 그러지 않기를 바라는 것이 자식 된 심정이다. 어머니의 죽음을 맞이하는 것에서 오는 깊은 연민을 담은 시

「유품」이다. 어머니가 "시집올 때, 삼십 리 산길을//외삼촌이 등에 지고 왔다는/반닫이 옷장"을 보며 회한에 잠겼다. 이 세상을 떠나가신 뒤 아직도 어머니의 마음처럼 방 안에 남아 시인을 지긋하게 바라보는 '반닫이 옷장' 그 안을 차마 열어 볼 엄두를 갖지 못했다. 그 반닫이 문을 열고 닫으며 긴 인고의 시간들을 차곡차곡 쌓아둔 곳이어서 어머니의 온기가 묻어 있을 것이다. 한 여인이 시집을 온 뒤 생애사일 수 있는 사연들이 온전히 깃들어 있는 '반닫이 옷장'이었다. 어머님이 돌아가신 뒤 아직도 그 반닫이를 열어 보지 못했다는 시인의 마음속 결이 어디에 있는가를 가늠해 볼 수 있다. 예전에는 부모님이 남긴 가구나 옷 식기류를 소중히 잘 보관하여 사용한 것이 하나의 예의였다. 부모님의 유품을 집안에 두면서 못다 한 효도를 조금이나마 덜고 싶은 심정도 작용했을 것이다. 그것 또한, 순정한 사람들이 살던 옛날이야기가 되어버렸다. 이제 세월도 각박해져 그런 생각마저 진부한 것으로 구닥다리보다 새로운 것을 더 선호하기에 귀찮은 물건이 되어버렸다.

  요즘은 장례를 치른 뒤 아예 부모님이 사용했던 유품을 몽땅 들어내 크기와 용도에 맞게 폐기 처분을 위한 딱지를 붙여 집 바깥으로 내놓아 버리는 세상이다. 삭막한 세태와 달리 진영대 시인은 어머니의 유품으로 남은

'반닫이 옷장'을 보며 당시의 아련한 추억을 회상하고 있다. 그 마음은 생전의 어머니에 대한 사랑의 마음을 잊을 수 없기 때문이다. 그 안 깔끔하게 정리된 옷가지며 어머니가 요령껏 관리해 온 소중한 것들을 보게 된다면 걷잡을 수 없는 슬픔을 감당할 수 없다. 시인은 어머니가 채워 놓은 자물통을 바라보는 것만으로 밀려오는 그리움이 복받쳐 올라 힘이 든다. "어머니가 저세상에서 다시 돌아와/열어 볼 때까지/주먹만 한 자물통을 열어 보지 못했습니다"는 그 마음은 마치 어머니가 살아생전처럼 아직도 마음이 허락하지 않는 것이다. 그뿐만이 아니다. 어머니에 대한 회상을 통해 절실해진 마음으로 가슴이 아린다. "저승까지 쇳대를 허리춤에 차고 가신 어머니"(「맹꽁이자물쇠」)께서 사용하시던 오동나무 뒤주를 버리려고 바깥에 내놓고는 볼 때마다 마음이 편치 않았다. 선산에 성묘를 가는 길에서도 그 마음은 한결같다. "얼마나 서두르셨으면/치마폭에 넣어준 생밤 한 줌/산길 여기저기 흘리고 가셨을까?"(「언제 벌어지나」)는 성묫길에 떨어진 밤 몇 알도 어머니의 마음만 같은 것이다. 그 어머니에게 홍화물 물들인 옷 한 벌을 해드리고 싶은 생각에 잠기다 혼곤하게 잠이 들어 꿈속에 어머니를 뵈며 "붉은 치맛자락을 잡고 밤새 울었는데/아무것도 젖지 않았다"(「아무것도 젖지 않았다」)며 생사의 갈림이 이토록 허망한 것임을 깨닫는

다.

> 어머니는 길을 질이라고 불렀다
> 애야, 질 조심하거라
> 외출할 때마다 신신당부하셨다
> 문득, 질은 길이다, 첫 문장을 쓰다가
> 어머니 말씀이 생각났다
> 질은 나의 시작이다, 고쳐 써도
> 틀린 문장이 아닐 것 같았다
> 어머니는 나의 시작이었다
> 모든 길의 시작에는 어머니가
> 배웅을 해 주었다
>
> ―「길」 전문

언어의 살가움은 아무래도 그 지역만의 공유할 수 있는 사투리가 훨씬 정감 있게 다가온다. 언어가 갖는 전달성에서 가장 효과적인 것은 소리 감정이다. 공명되는 울림에서 귀에 익은 감정이 고스란히 살아나 거부감이 없다. 화자가 말하고 싶어 한 것도 위에서 언급한 "어머니는 길을 질이라고 불렀다/애야, 질 조심하거라"라고 말을 전한다. 사실 시골길이란 것이 크게 차가 붐빌 리가 없고 사람 다니는 정도로 평소에도 한갓질 것이다. 그 '길'을

'질'이라 말하면서 조심해야 한다는 말을 강조한 것이다. 아마 어머니가 말씀하신 깊은 속내는 그 길을 통해 조심해야 할 것들이 많다는 뜻일 것이다. 오가는 '질'을 통해 아들이 경험해야 할 일들이 무수히 많을 것이라는 깊은 뜻을 이른 말씀이다. 세상을 잘 살아가기 위해 열심히 공부한다고 오가는 길이니 그 의미는 더 큰 것이다. 인생사가 모두 길을 통해 이뤄진다는 것을 어린 나이에 그 말씀의 깊은 의미를 몰랐을 뿐이다. 문을 나서는 순간 바깥은 그만큼 삼엄한 세상임을 일컬어 깨달음을 주신 말씀이다. 세상을 살아가는 데 있어 집안의 방문을 열고 대문간을 나서면서 시작되는 세상살이가 모두 어머니의 마음에는 '질(길)'인 것이다. 누구나 '질(길)'을 통해 사람을 만나고 세상이라는 사회를 알게 모르게 조금씩 접하게 된다. 따라서 '문은 질의 시작'이라는 말이 갖는 의미는 어머니의 인생관을 담고 있다. '당신'께서 세상을 나설 때마다 조신하는 마음으로 집 방문을 나서며 대문을 열고 두려운 세상으로 나가셨던 것이다. 그 반복된 삶의 실천에서 곧은 생각과 바른 행동을 생각했을 것이다. 아무리 어렵고 힘들어도 세상의 혼탁함에서 자신을 지켜가는 '질(길)'을 오가며 바짝 긴장하며 살아온 것이다. 그 말씀은 올바른 행실에 대한 실천궁행의 길이어야 한다며 아들에게 귀에 박히도록 말씀하신 것이다.

지금도 화자는 어머니가 대문간 앞에서 손을 흔들며 잘 댕겨오라는 말씀이 들리는 듯 눈에 선연하다. 그 말씀을 가슴 깊이 새기며 살아왔으니 화자의 삶도 분명 반듯할 것이다. 그 일상은 기도하는 삶임을 말해준다. "눈 속을 먼저 지나간 노루는/포도밭을 지나, 비닐하우스를 한 바퀴 돌아보고 솔밭마을 삼거리를 지나, 연배네 집 앞에서 잠시 머뭇"(「새벽기도 가는 길」)거리다 사라지고 말았다며 사람이나 노루나 삶의 바른 길을 잃는 것을 경계하고 있다. 그 길은 눈이 하얗게 덮여서가 아니라 통찰 깊은 지혜로 힘써 찾아 가야하는 길이다.

    오랜만에 친구를 만났습니다
    귀농을 했다고 하면
    고추 농사는 잘됐냐 고구마는 심었냐
    들깨는 얼마나 했냐 궁금한 게 많습니다
    하늘이 멍석만 한 심심산골에
    심을 데가 어디 있다고
    걱정 한 섬, 씨를 나누어 주었습니다
    콩을 심지 그랬냐 호박은 언제 심냐
    도라지 농사는 어떠냐
    파릇파릇 새싹이 햇쑥처럼 올라왔습니다
    하늘밭 삼만 평에는 심을 게 별뿐이라

잘되고 못될 일이 없었지만

별을 따다 줄 수는 없었습니다

다음에는 묵정밭 한자리에

고추 몇 포기, 오이 몇 포기라도 심어야겠습니다

―「별밭 삼만 평」 전문

  시골 생활이란 것이 알고 보면 매우 단순하게 보이지만, 딱히 그렇지만은 않다. 자고 일어나야 할 일이 정해진 것도 아니고 그렇다고 마냥 노는 것처럼 아무 일을 하지 않고 하루를 넘겨 될 일도 아니다. 열심히 무언가를 해야만 겨우 경제적인 수입이 될까 말까 한 것이 시골 농사꾼인 것이다.

  도시에 사는 친구들의 안부 겸 근황을 묻는 말에 우스갯소리 같은 운치와 낭만이 가득한 '별밭 삼만 평'이라는 시제가 우선은 좋다. 하늘을 갈아엎은 밭고랑에 '별'의 씨앗을 뿌려 삼만 평의 별 밭을 이뤘으니 가슴 뿌듯하지 않겠는가? 누구나 시골살이를 경험해보지 않고서는 노동으로 투여된 고통을 잘 모른다. 그저 단순하게 신선놀음 같은 전원생활을 꿈꾸듯 쉽게 생각하기 때문이다. 그러나 막상 시골살이를 하겠다고 산골로 찾아든다면 그것은 무모한 것이다. 그만큼 시골살이가 만만찮은 도전이기 때문이다. 도시 친구들이 생각하고 있는 시골살이는 그저 즐기면서 하루하루를 낭만에 파묻혀 사는 날것 같은 삶으로 이해하고 있는 듯했다. 아무리 전원살이라 쳐도 최소한의 경제적인 수입이 있어야 가능한 것이다. 그러려면 어느 정도 각오와 고된 노동을 즐겁게 수행해야만 한다. 도시 생활 못지않게 팍팍한 시골살이도 그저 세월 먹기로 되는 것이 아니다. 친구들의 안부 삼아 지나가는 말로 "고추 농사는 잘됐냐 고구마는 심었냐", '오이 농사가 돈이 된다더라, 호박을 심지 그랬냐'라고 묻는 말에는 얼마나 고생이 많을 것인가는 쏙 빼버렸기 때문이다.

 사실 시골살이처럼 열악한 환경도 없다. 애써 쏟은 고통에도 되느냐 마느냐에 대한 경제 가성비는 전혀 생각하지 않는 친구(도시적인 생각)들은 그저 단순하게 재미로만 인식하고 있다. 그것과는 전혀 다른 것이 현실은 또 있다. 시골에서 죄다 고추, 오이 하우스 농사를 지어 떼돈을 버는 것으로 생각하는 듯하다. 그저 편안한 마음으로 바라보는 친구들이 농촌 사람들보다 더 순진한 이상에 치우친 것인지 모른다. 화자는 농촌 생활의 고달픔을 에둘러 "하늘 밭 삼만 평"에 별농사를 지었다며 얼버무리는 수밖에 없다. 내년에는 묵정밭이라도 얻어 채소라도 심어야겠다는 것을 보면 시골에서 살지만, 그런 푸성귀를 넉넉하게 심지는 않았던 것 같다. 그 친구들을 위해 "다음에는 묵정밭 한자리에/고추 몇 포기, 오이 몇 포기라도 심어야겠습니다"는 마음을 다진다. 아마 그 친구들이 그곳을 찾아오면 한 아름씩 푸성귀를 안겨주고 싶은 것이다. 그 순한 마음이 닿은 곳은 꿈같은 일상이다. "벚꽃나무 아래서의 일이다//그 틈에 누군가 와서//시집 한 권 다 읽고 덮어놓았다"(「호접몽(胡蝶夢)」)는 시적 상상력은 아무나 할 수 없는 절묘함의 극치를 이룬다. 시집을 펼쳐 읽다 잠이 든 사이 꽃잎이 날아든 찰나를 놓치지 않고 한 편의 시로 낚아챈 것이다. 또한, 벚꽃의 만개가 그리 길지 않았다며 감상으로 그치지 않고 유한한 삶의 시간으로 치환해간다. "아흐레를 꽃으로 살고/남은 것으로 새잎이 피었다"(「벚꽃 아래서」)라며 벚꽃을 통해 인생살이에 대한 성찰은 깊어만 간다. 결국 우리도 한때의 호기를 바탕 삼아 고단한 생애를 살아가는 것에서 다르지 않다.

    삼 년 키운 복돌이가 죽었다
    남자가 외로워서 못 살겠다고 울었다
    술 먹고 걷어찰 복돌이가 없으니
    시원하다며 울었다
    복돌이는 남자가 외로울 때 만난 믹스견,
    외로울 때 만난 사랑은
    오래가지 못한다는 말을 들은 것 같다

복돌이가 없으니 시원섭섭하다며 울던 남자가
호피 무늬 담요를 덮고 잠이 들었다
복돌이가 제일 좋아하던 것이다
복돌이가… 복돌이가… 잠꼬대를 하던
남자가 복돌이처럼 웃고 있었다

―「복돌이」 전문

 '복돌이'란 이름이 우선 좋다. 요즘 들어 들어보기 어려운 이름이거니와 예전에는 사람 이름에도 많이 사용했던 귀한 이름이다. 그래서였는지 모르지만, 동네에 한두 사람은 복돌이란 이름을 가진 사람이 있기도 했다. 반대로 흔한 이름이기에 쉽게 생각도 할 수 있어서였을까? 어느 때부턴가, 시골 사람들은 그 '복돌이'란 이름을 개에다 붙여주길 즐겨했다. '개' 이름으로 불린 '복돌이'는 주인이 베푼 가장 큰 호사인 것이다. 사람처럼 귀하게 여기며 위해주겠다는 무언의 약속인 셈이다. 그를 철석같이 믿고 주인 말이라면 죽는시늉도 마다하지 않던 '복돌이'였다. 그런데 사람 사는 것이 술술 잘 풀린다면야 좋겠지만, 복돌이를 애지중지하던 주인장 사정이 그리 좋지는 않았던 모양이다. 주인장도 홀로 사는 독거인이고 마침 그 집에 입양된 '복돌이'도 마찬가지로 동병상련의 딱한 처지였기에 한편으론 다행이다 싶었다. 하지만, 홀로 살아가는 세상이 온통 힘들다며 주인은 술을 마시고 들어와 화풀이를 '복돌이'한테 한 모양이다. 아무 때고 화풀이를 해도 잘도 들어주던 '복돌이'도 더는 살지 못하고 숨을 거두고 말았다. 숨을 거둔 '복돌이'를 보며 흘린 눈물은 늦은 후회이다. 그렇지만, 한번 세상을 등진 '복돌이'는 살아 돌아오지 않는다. 누군가를 좋아하거나 증오했다 해도 사람 마음이란 것이 이상하여 옆에 없고 나면 소중한 것을 알게 된다. 함께 있을 때는 귀찮기만 했던 복돌이였다. 막상 동고동락하던 존재가 사라지고 없는 부재에서 오는 적막감은 걷잡을 수 없다. 그 기간이 십 년이라면 함께 살아온 세월이 적지 않다. 이제 귀찮다고 걷어찰 복돌이도 없고 바보 마냥 매몰찬 주인을 멀리 하지도 않고 속도 좋아 꼬리 치며 달려들던 그 모습을 떠올리지만, 씁쓸할 뿐이다. 아무도 반겨줄 사람도 없는 집안에서 유일하게 화자를 사랑으로 반겨주던 "복돌이는 남자가 외로울 때 만난 믹스견,/외로울 때 만난 사랑"이라며 서로에게 필요한 존재였다. 그렇게 서로 외로운 처지에서 만나 애증이 겹친 시간을 함께 잘 살아왔는데 남은 것은 허망한 것뿐이다. 죽은 복돌이를 위해 해줄 수 있는 것이라고는 복돌이가 평소 좋아했던 "호피 무늬 담요" 한 장뿐이었다. 그토록 사람을 무장 없이 반기며 따랐던 복돌이의 생은 죽어서 호사를 받으니 아이러니하다. 이제 '남자'만 덜렁 남은 집안이 넓다 해도 아무 소용도 없다. 그래서 반려견이라 했을 테고 사람처럼 복돌이라 이름까지 지어주었는데 잘못한 일들이 가슴에 사무친다. 사람 사는 일과 다르지 않아 이것 또한 가슴 시린 일이다. "조치원으로 가는 막차는 10시 55분에 떠납니다", "조치원으로 가는 무궁화호 열차는/밤 10시 55분 정각에 서울역을 출발하였습니다"(「막차」) 시차의 간극 속에서 벌어진 일들이 복잡하게 얽혀있다. 조치원으로 가는 무궁화호의 안내를 알리는 전광판은 더는 켜지지 않을 것이다. 이미 갈라선 사람과 사람이 각자 다른 방향을 선택하였기 때문이다. 저들도 한때는 그대 없인 못살겠다며 각박한 시절을 정붙이며 알콩달콩 살았을 것이다. 그들의 모습을 훔쳐본 화자의 마음이 유독 더 슬퍼졌다. 고장 난 캐리어가 믹스견 복돌이처럼 끌려가는 풍경과 매몰차게 돌아선 여자의 남자도 그랬다. 다시는 돌아올 수 없는 그날의 조치원행 무궁화 열차처럼 인생의 긴 서사를 마감하는 일들이 벌어지곤 하였다.

 친구 돈 오만 원을 삼십 년 넘게 갚지 못했어요 어린 딸 분윳값하고 얼마 남은 돈으로 우리 세 식구 꽃구경을 다녀왔어요 지금은 차용증의 인주 자국도 희미하게 지워져 은행원이었던 그 친구 긴가민가하겠지요 일전에 포도밭으로 친구 내외가 다녀갈 때 본전이라도 들려서 보낼 걸…… 포도 몇 상자 자동차 트렁크에 실어주며 그동안 이잣돈이라도 포도 상자 밑바닥에 넣어서 보낼 걸…… 갈등했지만

  빚을 다 갚으면
  동학사 벚꽃이 다시는 피지 않을 것 같았어요

―「빚」 전문

세월이 너무 많이 흘러서 그 시절의 기억을 더듬는 데 있어 가물가물하단 말이 있다. 긴가민가 하는 것도 이 말과 통한다. 지금의 상황이 화자가 말하고 있는 것과 딱 맞아떨어진다. 너무나 오래전 일이라서 꼭 꿈속 같기도 하고 아닌 것 같기도 하는 애매모호한 일들이 살다 보면 더러 있다. 하지만, 무의식 속에 잠재된 그 기억은 모질게 가슴에 도사리고 있었다. 삼십 년 전이라 그럴 만도 하지만, 친구에게 빌린 돈 오만 원이 화자의 마음을 지금껏 께름칙하게 하였고 미안하기도 하여서 이러지도 저러지도 못한 상황이다. 그렇다고 이제 와서 그 이야기를 꺼내 돌려줄 수도 없는 난처한 입장이 된 것이다. 그래도 친구 덕분에 어려웠던 시절 아기 분윳값도 마련하였던 궁핍한 때였다. 마침 그리고도 돈이 조금 남아 아내와 세 식구 조촐하게 꽃구경을 다녀오기까지 했다. 그 기억이

선명한 것을 보면 친구에게 돈 오만 원을 빌린 것이 분명하다.

자 그렇다면 생각해 보자. 그런데 그 친구가 마침 화자의 포도 농장을 찾아온 모양이다. 그때 허심탄회하게 예전의 사정을 말하고 빌렸던 오만 원을 돌려주지 못한 것을 또 후회하고 있다. 모처럼 찾아온 친구에게 덜렁 포도 몇 상자만 차에 실어 보내고선 또 과거적 일처럼 후회를 하고 있다. 그런 일들은 누구나 있을 법한 일이다. 우리가 여기서 간과해선 안될 것은 다른 데 있다. 화자의 마음이 착하고 여리다는 뜻이다. 훌쩍 30여 년이 흘렀지만, 어지간한 사람들이라면 그까짓 것 하면서 알아도 그냥 넘어가 버리거나 뭉개버리는 것이 세상일이다. 하지만, 소소한 일로 생각하는 친구와 달리 지금껏 미안한 마음을 놓지 못한 화자다. 만약에 친구에게 "빚을 다 갚으면/동학사 벚꽃이 다시는 피지 않을 것 같았어요"라며 그나마 다행으로 생각하고 있다. 친구 덕분에 아련하게나마 마음이 환해지는 아름다운 추억을 가졌으니 감사할 따름이다. 시간이 지나도 변하지 않는 마음은 한결 같다. 화자가 평생을 살아오는 마음이었을 것이다. "빨랫줄에 걸린//내복 한 벌, 양말 세 켤레/손수건, 스웨터, 운동복 등등 ……//한 줄에 매달려 있다//속까지 읽어보라고/뒤집어 놓았다"(「타르초」)라며 형형색색의 옷들에서 차마고도의 험난한 길가에 염원을 실어 매달아 놓은 타르초가 생각났다. 그 마음처럼 살며 한치도 흐트러짐이 없었다는 자부심인 것이다. 그것의 궁극에 이르고자 한 지점은 우리 삶의 덕목인 삶의 가치에 가장 윗머리에 두어야 할 인간 본성의 회복이 아닐까 싶다. "사람 같은 거 말고/사람하자 우리//개 같은 거 말고/소 같은 거 말고/닭 같은 거 말고//어떤 원로시인이/술 취하면 늘 하던 말//사람하자 우리"(「사람하자 우리」)라며 우리 사회의 잘못된 작금의 실상을 우려스럽게 바라보고 있다. 우리는 사람답게 생각하며 살자는 말만이 아니라 무실역행(務實力行)하는 데 있어 더는 늦출 수 없다.

따복따복 눌러쓴 시편들을 통해 우리가 쉽게 생각하고 말 수 있는 관계가 얼마나 소중한가를 되돌아보게 한다. 진영대 시인은 상당한 시력을 가진 분으로 1997년 『실천문학』으로 등단, 시집 『술병처럼 서 있다』, 『길고양이도 집이 있다』, 『당신을 열어 보았다』 등이 있다. 시인은 한 편의 시를 써낼 때마다 몹시 신중하게 처신하는 것을 알 수 있다. 그만큼 접하기가 쉽지 않은 시를 함께하고 있다. 지금껏 진영대 시인이 살아온 세상은 허명을 좇던 적 없이 주어진 삶에 최선을 다하는 것이었음을 말해준다. 그런 모습들은 시 전편에 흐르고 있는 삶의 일상과 매사를 귀히 여기는 언행이 고스란히 시에 담겨 있다. 흔히들 시인의 삶은 시로써 말한다고 한다. 그런 인생살이의 긴 여정이 시라는 문장 속에서 따뜻한 온정을 담은 그리움이 되어 심연 깊숙한 곳에서 솔직 담백함으로 발현하고 있음을 알 수 있다. 시가 갖는 근원적 진실은 인간애에 바탕한 삶의 이야기란 것을 다시 한 번 생각해 보는 귀한 시간이었다.

시인의 말

시는 말〔言〕이고
말〔馬〕이다

시인을
신에게 데려다주기 위해

제 등을 내주는
말〔馬〕이라고 생각했던 때가 있었다

2025년 봄

진영대

아무것도 젖지 않았다

2025년 4월 25일 초판 1쇄 펴냄

지은이 _ 진영대
펴낸이 _ 양문규
펴낸곳 _ 詩와에세이

신고번호 _ 제2017-000025호
주   소 _ (30021)세종특별자치시 조치원읍 충현로 159, 상가동 107-1호
대표전화 _ (044)863-7652
팩시밀리 _ 0505-116-7653
휴대전화 _ 010-5355-7565
전자우편 _ sie2005@naver.com
공 급 처 _ 한국출판협동조합
주문전화 _ (02)716-5616
팩시밀리 _ (031)944-8234~6

ⓒ진영대, 2025
ISBN 979-11-91914-81-8 (03810)

* 지은이와 협의하여 인지는 생략합니다.
* 이 책 내용의 전부 또는 일부를 재사용하려면 반드시 지은이와
  詩와에세이 양측의 동의를 받아야 합니다.
* 책값은 뒤표지에 표시되어 있습니다.
* 이 책은 세종특별자치시와 세종시문화관광재단의 후원으로 발간되었습니다.